BEI GRIN MACHT SICH IHR WISSEN BEZAHLT

AF168052

- Wir veröffentlichen Ihre Hausarbeit,
  Bachelor- und Masterarbeit

- Ihr eigenes eBook und Buch -
  weltweit in allen wichtigen Shops

- Verdienen Sie an jedem Verkauf

Jetzt bei www.GRIN.com hochladen
und kostenlos publizieren

Luthers Abendmahlverständnis. Einflüsse von Schriften und Ereignissen

GRIN ☺

Bibliografische Information der Deutschen Nationalbibliothek:

Die Deutsche Nationalbibliothek verzeichnet diese Publikation in der Deutschen Nationalbibliografie; detaillierte bibliografische Daten sind im Internet über http://dnb.d-nb.de abrufbar.

ISBN: 9783346209382
Dieses Buch ist auch als E-Book erhältlich.

Druck und Bindung: Books on Demand GmbH, Norderstedt Germany
Gedruckt auf säurefreiem Papier aus verantwortungsvollen Quellen

Das vorliegende Werk wurde sorgfältig erarbeitet. Dennoch übernehmen Autoren und Verlag für die Richtigkeit von Angaben, Hinweisen, Links und Ratschlägen sowie eventuelle Druckfehler keine Haftung.

Das Buch bei GRIN: https://www.grin.com/document/907363

Referatsausarbeitung zu Luthers Abendmahlverständnis

Wien, am: 25.04.2018

Inhaltsverzeichnis

1 Einleitung

Das lutherische Abendmahlsverständnis entwickelte sich während des Lebens Martin Luther stätig weiter. Luther erlebte viele Einflüsse, zu denen er seine Abendmahlstheologie anpassen musste. Die folgende Arbeit ist eine Referatsausarbeitung und soll das Lutherische Abendmahl schemenhaft darstellen. Die Arbeit beginnt mit den Abendmahlserwähnungen im NT, da der biblische Befund die Hauptquelle für Luthers Theologie ist.

Ein geschichtlicher Abriss namhafter Schriften und Ereignisse im Leben Luther ist unausweichlich für die Darstellung der Entwicklung der Mahlfeier. Das Abendmahlverständnis entwickelte sich in dieser Zeit stets weiter.

Als Letzter Punkt werden die konfessionellen Differenzen dargestellt. Besonderer Augenmerk ist diesem Kapitel ist die Entfaltung der Lutherischen Theologie gegenüber den anderen Konfessionen.

2 Abendmahl im NT

Das Abendmahl wie es heute gefeiert wird in der evangelischen Kirche hat seinen Ursprung bei Jesus Christus und entwickeltet sich durch die Geschichte stätig weiter.[1] „Die wichtigsten Quellen im NT sind 1 Kor 11,17-34; 10,16-17; Mk 14,12-16; Mt 26,17-30; Lk 22,7-38; Apg 2,42-47; Joh 6,52-58;13."[2] Neben den biblischen Befunden ist auch die Didache eine wichtige Quelle für die Abendmahlsforschung.[3] Die wohl älteste Überlieferung ist der Korinther Brief des Apostel Paulus. Dieser nannte das gemeinsame liturgische Essen, >Mahl des Herrn< laut 1 Kor 11,20, wobei mit Herr Jesus gemeint ist.[4]

Der Ablauf des Mahles beginnt mit einem Brotsegen durch Jesus. Nach dem Segen wird das Brot ausgeteilt. Nach dem Essen nimmt Jesus den Wein und betet. Jesus spricht bei beiden Segnungen jeweils ein Deutewort über die Bedeutung. Wann Jesus den Wein nimmt und ob zuvor schon gegessen wurde, ist in den Evangelium unterschiedlich überliefert.[5] In Lk und Paulus ist von einem Sättigungsmahl zwischen der Brot- und der Kelchhandlung zu sprechen, während es bei Mt/Mk vorausgeht. Daraus lässt sich eine Vielfalt der Mahlpraxis schließen, die sich in der frühen Zeit des Christentum noch nicht konstituiert hat. Außerdem kann man aus dem biblischen Befund nicht unterscheiden, ob die Mahlfeier der ersten Christen ein reines Sättigungsmahl war, oder im Zusammenhang mit einem Wortgottesdienst stattfand als liturgisches Element.[6]

In den Evangelien Mk, Mt, Lk und im Paulusbrief 1 Kor gibt es Einsetzungsworte von Jesus. Im Johannes Evangelium werden keine Worte Jesu überliefert.[7] MT/Mk sprechen in den Einsetzungsworten von Leib und

---

[1] Vgl. Adam: Theologische Schlüsselbegriffe, S. 13.
[2] Bieler/Schottroff: Abendmahl, S. 22.
[3] Vgl. Löhr: Entstehung und Bedeutung des Abendmahls, S. 52.
[4] Vgl. Löhr: Entstehung und Bedeutung des Abendmahls, S. 53.
[5] Vgl. Bieler/Schottroff: Abendmahl, S. 23.
[6] Vgl. Löhr: Entstehung und Bedeutung des Abendmahls, S. 54.
[7] Vgl. Adam: Theologische Schlüsselbegriffe, S. 13.

Blut, hingegen Lk und Paulus von Leib und Kelch sprechen. Trotz der wörtlichen Unterschiede ist eine Gemeinsamkeit auszumachen, nämlich der neue Bund in Christus.[8]

3 Geschichtlicher Überblick

3.1 Auseinandersetzung Luthers mit der katholischen Kirche

Luther behandelt 1519 das Abendmahl in: "Sermon von dem hochwürdigen Sakrament des heiligen, wahren Leichnams Christi und von den Bruderschaften"[9] nachdem er seine Rechtfertigungslehre ausformuliert hatte. Dies spiegelt auch den Charakter seiner Abendmahlslehre wieder. Das Abendmahl ist bei Luther eine Gabe Gottes für den Menschen, ein Gnadenakt, der nur durch das Handeln Gottes zum Vorschein kommt. Der Mensch kann das Mahl nur empfangen und es sich nicht verdienen.[10] In der Schrift „De captivitate Babylonica"[11] beschreibt Luther das Sakrament als Verbindung eines äußeren Zeichens mit einem Verheißungswort.[12] Luther bestreitet in dieser Schrift, die bisherige Anzahl der Sakramente. Für ihn gibt es keine sieben Sakramente, sondern nur Taufe, Buße und Abendmahl, wobei bei der Buße das äußere Zeichen fehlt und daher nicht unbedingt als Sakrament Geltung hat.[13] Luther schreibt außerdem von der dreifachen Gefangenschaft der hl. Messe durch die katholisch Kirche.[14] Es kritisiert die Verweigerung des Laienkelchs, die Mahlfeiernden dürfen nur das Brot konsumieren. Außerdem wird die Transsubstanzionslehre kritisiert, da er das Modell zu sehr

---

[8] Vgl. EKD: Abendmahl, S. 19.
[9] Luther: WA 2, S. 742-758.
[10] Vgl. Leppin: Geschichte des Christentums, S. 116.
[11] Luther: WA 6, S. 484-573.
[12] Vgl. Leppin: Geschichte des Christentums, S. 116.
[13] Vgl. Lohse: Luther Theologie, S. 152.
[14] Vgl. Lohse: Luther Theologie, S. 152-153.

philosophisch sieht. Der dritte Kritikpunkt ist die Messopferlehr, da er das Opfer während der Abendmahlsfeier strikt ablehnt.[15]

3.2 Auseinandersetzung Luthers mit Karlstadt

Luther schreibt 1524/25 "Wider die himmlischen Propheten, von den Bildern und Sakrament" und entgegnet hiermit die Kritik an der Realpräsenz von Karlstadt. Karlstadt war Luther Doktorvater, entwickelte aber eine eigenständige Abendmahlslehre, die die Realpräsenz von Jesus im Abendmahl ablehnt, da es nur ein Erinnerungsmahl ist.[16]

3.3 Auseinandersetzung Luthers mit den Reformierten

Zwingli ergreift in der 1525 erschienen Schrift "Von wahrer und falscher Religion" Partei für Karlstaft. Zwingli kritisiert ebenfalls die Realpräsenz Christi im Abendmahl. Dies begründet er unteranderem mit dem Bibelvers in Joh 6,63: „Das Gleich ist nicht nütze". Für Zwingli war Jesus nicht real in den Elementen Wein und Brot zu finden, sondern soll den Bezug zu Christus nur signifikativ darstellen.[17]

1529 kann es zum Marburger Religionsgespräch, an dem unteranderm Luther, Zwingli, Melanchthon und Bucer teilnahmen. Ziel dabei war, die vielen theologischen Unterschiede abzubauen. Nach einer intensiven einwöchigen Diskussion konnten sich die Teilnehmer in vierzehn Punkten einigen. Nur der letzte Punkt, das Abendmahl, war für beide Parteien unmöglich, sich gegeneinander Zugeständnisse zu machen.[18] Luther kommentierte die Ergebnisse wie folgt:

---

[15] Vgl. Rieger: Theologische Grundbegriffe, S. 3.
[16] Vgl. Leppin: Geschichte des Christentums, S. 119.
[17] Vgl. Leppin: Geschichte des Christentums, S. 120-122.
[18] Vgl. Leppin: Geschichte des Christentums, S. 125-126.

„Jch sage nicht, das ein Bruederliche einigkeit sey, sondern eine guetige freundliche Eintracht, das sie freundlich bey uns suchen, was jnen feilet, und wir widerjnen dienen; wo jr nu werdet vleissig bitten, wird sie auch Bruederlich werden."[19]

Die Einigkeit konnte für ihn nicht hergestellt werden, solange seine Widersacher nicht die Realpräsenz von Jesus im Abendmahl akzeptieren.

Im Jahr 1530 lud Kaiser Karl V. beide Parteien des reformatorischen Lagers zum Reichstag nach Augsburg ein. Die Parteien sollten beide schriftliche Stellung beziehen vor dem Reichstag, das lutherische Lager verfasste daraufhin die Confessio Augustana (CA), die reformatorische Seite legte 3 verschiedene Schriften vor. [20]

„Von dem Abendmal des Herrn wirt also geleret, das warer leib und blut Christi warhafftiglich unter gestalt des brods und weins im Abentmal gegenwertig sey und da ausgeteilet und genomen wirt. Derhalben wirt auch die gegenlahr verworffen".[21]

Die Transubstantionslehre wird in der CA 10 nicht direkt erwähnt, es wird nur die Gestalt Christi in Brot und Wein erwähnt. Umso mehr ist die wahrhaftige Realpräsenz Christi die Argumentation der Abendmahlslehre, wegen dem auch die Gegenlehre verworfen wird.[22]

3.4 Innerprotestantische Einigung

Mit den Schweizer Reformierten gab es selbst nach dem Tod Zwingli im Jahr 1531 keine Einigung. Durch den Augsburger Reichstag wurde die Gründung des politischen Schmaldkaldischen Bundes erreicht. Als nächster sollten die oberdeutschen Städte mit Wittenberg auch einen theologischen Bund schließen, dieser wurde im Jahr 1536 in den Witternberger Konkordie besiegelt. Der Hauptunterschied war im welchen Zusammenhang der Glaube der Mahlfeiernden im Abendmahl mit der Gegenwart Christi stand. Laut Wittenbergische Lehre war Jesus unabhängig vom Glauben des

---

[19] Predigten über das 5. Buch Mose 1529, WA 28. S.669, 30-32.
[20] Vgl. Leppin: Geschichte des Christentums, S. 126.
[21] CA 10, BSLK 64, 1-7 (d).
[22] Vgl. CA 10, BSLK 64, 4-7 (d).

Mahlfeiernden im Gegensatz zu der Oberdeutschen Lehre, wo der Heilige Geist nur wirksam ist, wenn der der Glaube vorhanden war. Man einigte sich auf die Formulierung >manducatio indignorum< Einnahme durch die Unwürdigen, anlehnend an 1 Kor 11,27-29. Für die Lutheraner waren die Unwürdigen die Leute mit den mangelnden Glauben, für die Oberdeutschen die mit der unzureichenden Lebensführung. Mit der Wittenberger Konkordie konnte eine evangelische deutsche Einigung erzielt werden, wobei die Schweizer außen vor gelassen wurden.[23]

Diese Lehrdifferenzen blieben über Jahrhunderte das trennende Element zwischen den Konfessionen. Im 19. Jh wurde in Preußen der Versuch unternommen, eine Union zu bilden. Ein unierte evangelische Kirche war das Ziel, wobei sich aus lutherisch und reformiert letztendlich eine dritte Konfession bildete, die Unierten. Der einzige Trennende Grund war wieder die unterschiedliche Abendmahlslehre.[24]

Auf Basis der 1957 verfassten >Arndoldshainer Abendmahlsthese< wurde eine gemeinsame Formel für das Abendmahl gefunden. 1973 wurde diese leicht modifiziert in der bis heute gültigen >Leuenberger Konkordie<. Diese stellt die Grundordnung für eine Kanzel- und Mahlgemeinschaft der evangelischen Kirchen ein Europa da.[25]

„Im Abendmahl schenkt sich der auferstandene Jesus Christus in seinem für alle dahingegebenen Leib und Blut durch sein verheißendes Wort mit Brot und Wein. Er gewährt uns dadurch Vergebung der Sünden und befreit uns zu einem neuen Leben aus Glauben. Er läßt[sic!] uns neu erfahren, daß[sic!] wir Glieder an seinem Leibe sind. Er stärkt uns zum Dienst an den Menschen. Wenn wir das Abendmahl feiern, verkündigen wir den Tod Christi, durch den Gott die Welt mit sich selbst versöhnt hat. Wir bekennen die Gegenwart des auferstandenen Herrn unter uns. In der Freude darüber, daß[sic!] der Herr zu uns gekommen ist, warten wir auf seine Zukunft in Herrlichkeit."[26]

Viele Gemeinsamkeiten wurden hervorgehoben, wie das das Abendmahl ein Geschenk von Christus ist, eine Versöhnungshandlung, der nichts zuzusetzen

---

[23] Vgl. Leppin: Geschichte des Christentums, S. 127-128.
[24] Vgl. Leppin: Geschichte des Christentums, S. 130.
[25] Vgl. EKD: Abendmahl, S. 26.
[26] Hüffmeier: Konkordie, S. 50.

ist. Auch der endzeitliche Aspekt wird dargebracht, die Hoffnung auf das kommende Reich Gottes wird zum Ausdruck gebracht.[27]

4 Konfessionelle Differenzen

4.1 Katholisch – Reformierte – Lutherische Differenz

Im katholischen Verständnis gibt sich Christus im eucharistischen Opfer der Kirche dar, sodass die Kirche wiederum ihn und von seinem Opfer getragen sich selbst Gott darbringe. Dies kann auch z.b. in den Seelenmessen geschehen, die auch ohne kommunizierende Gemeinde möglich ist. Die Eucharistie wird aber heute nicht mehr als „Wiederholung" des Opfers Christi durch die Kirche, sondern als Vergegenwärtig des einmaligen Opfers Christi am Kreuz verstanden, und zwar durch Jesus selber, der seine Lebenshingabe stets auf neue vergegenwärtigt.[28]

Die reformierten Kirchen dagegen verstehen das Abendmahl ausschließlich als Handeln Gottes an der Gemeinde, welches weder wiederholt werden kann, noch Gott erinnernd vorgehalten werden muss. Sie lehnen die Darbringung vor Gott konsequent ab, da dadurch das >Erwirken< der Zuwendung Gottes vermittelt wird. Auch die durch das IV. LATERANKONZIL 1215 zum Dogma erklärte Transsubstantiationslehre wird abgelehnt, die besagt, dass die Hostie auch nach der Mahlfeier in ihrer Substanz Leib Christi bleibt. [29]

In der lutherischen Kirche wird die Transsubstanzionslehre ebenfalls abgelehnt, da die stoffliche Veränderung nicht stattfindet. Für die Lutheraner ist das Abendmahl kein Werk und Opfer der Kirche, sondern ein Gnadenakt Gottes. Im Gegensatz zu den Katholiken opfern die Lutheraner Christus im

---

[27] Vgl. Degen-Ballmer: Das Abendmahlverständnis im Wandel der Zeit, S. 31.
[28] Vgl. Joest: Dogmatik, S. 214.
[29] Vgl. Joest: Dogmatik, S. 214-215.

Abendmahl nicht, denn Jesus hat auch nicht während dem letzten Abendmahl geopfert.[30]

4.2 Lutherisch-Reformierte Differenz

Neben des Loslösung von der katholischen Abendmahlslehre entwickelten die reformierten Kirchen eine eigene Tradition. Der Hauptunterschied war meist der Streit um die Realpräsenz von Jesus beim Abendmahl.[31]

Der Zürcher Reformator Zwingli hat nicht bestritten, dass Christus bei jedem Gottesdienst im Geist gegenwärtig ist, doch er hat die besondere leibliche Gegenwart in den Elementen bestritten. Brot und Wein sind nur Sinnbilder für den Leib Christi. Das Abendmahl ist somit ein Gedächtnismahl.[32]

Für Luther hat beruht die Wirkung des Abendmahls nur auf die wirkliche Gegenwart von Christus beim Abendmahl. Er lehnt auch die Transsubstanzionslehre ab, da diese nicht biblisch erwähnt ist, sieht aber den leibhaftigen Christus in Brot und Wein während des Empfangen des Abendmahls. Er begründet seine These mit der Zweinaturen Lehre von Christus, die bezeugt, das in einer Einheit zwei Wesen sein können. Also das Christus Gott und Mensch zugleich sein kann. So kann auch Brot und Wein der wahre Leib und Blut Christi sein, ohne dass diese dabei ihre Substanz ändern müssen. Das Abendmahl kann man daher nicht logisch-ontologisch sondern man muss es sakramental-soteriologisch erfasse. [33] Luther kritisiert auch das limitierte Verständnis der Einsetzungsworte. Wenn Jesus sagt >dies ist mein Leib< ist für Luther diese Aussage auch wörtlich zu verstehen.[34]

---

[30] Vgl. Rieger: Theologische Grundbegriffe, S. 3.
[31] Vgl. Joest: Dogmatik, S. 215.
[32] Vgl. Joest: Dogmatik, S. 216.
[33] Vgl. Rieger: Theologische Grundbegriffe, S. 5.
[34] Vgl. Slenczka: Neubestimme Wirklichkeit, S. 80.

Zur reformierten Kritik, dass Christus nicht bei jedem Gottesdienst dabei sein kann, meint Luther, dass die durch die Himmelfahrt von Christus als Mensch und Gott möglich wurde, da er nun ein Teil der Allgegenwart Gottes ist.[35]

Bei Calvin, dem sich im Consensus Tigerinus 1549 auch die aus der Wirksamkeit Zwinglis entstandenen reformierten Kirchen der Schweiz angeschlossen haben, hat vertiefend angemerkt, dass die Seele der Glaubenden im Mahl durch den heiligen Geist zu Christus erhoben wird und auf geistliche Weise mit dem himmlischen Leib und Blut gespeist wird. Dieses geistliche Empfangen geschieht nur dem Glaubenden. Auch der erhöhte Christus kann nur in seiner göttlichen Natur an Gottes Allgegenwart teilhaben, seine menschliche Natur bleibt ortsgebunden zur „Rechten Gottes" im Himmel.[36]

Für Luther setzt das Sakrament Abendmahl keine Bedingungen voraus, bis auf den Glauben. Die Wirkung des Abendmahl ist unabdingbar mit dem Glauben des Mahlfeiernden. Da aber das Abendmahl auf Gottes Wort und nicht nur auf den menschlichen Glauben beruht, wirkt es auch bei ungläubigen mit der Verdammung laut Röm 14,23.[37]

Luther dagegen betonte mit einem wörtlichen Verständnis der Einsetzungsworte die manducatio oralis (Empfang mit dem Mund), die für jeden gilt und für den Ungläubigen zum Gericht führt (manducatio indignorum). Ihm ging es auch an dieser Stelle um Gottes Kondeszendenz in unser Fleisch. Nicht nur die Person ist hier gegenwärtig, sondern auch die quasi-materielle Substanz seines Leibes.[38]

---

[35] Vgl. Rieger: Theologische Grundbegriffe, S. 4.
[36] Vgl. Joest: Dogmatik, S. 216.
[37] Vgl. Rieger: Theologische Grundbegriffe, S. 4-5.
[38] Vgl. Rieger: Theologische Grundbegriffe, S. 4-5.

Dem Einwand der himmlischen Ortsgebundenheit begegnete er mit der Ubiquitätslehre, der unlösbaren Verbundenheit von Gottheit und Menschheit in Christus.[39]

---

[39] Vgl. Joest: Dogmatik, S. 217-218.

5 Literaturverzeichnis

Adam, Gottfried: Abendmahl. In; Lachmann/Adam/Ritter (Hg.): Theologische Schlüsselbegriffe. Theologie für Lehrerinnen und Lehrer 1. Göttingen 2010[3]. S. 13-20.

Bieler, Andrea/Schottroff Luise: Abendmahl. Essen, um zu leben. Gütersloh 2007.

Confessio Augustana, Art 21. In: BSLK. S. 64.

Degen-Ballmer, Stephan: Das Abendmahlverständnis im Wandel der Zeit.in: Müller/Plüss (Hg.): Reformierte Abendmahlspraxis. Plädoyer für liturgische Verbindlichkeit in der Vielfalt. Zürich 2005. S. 30-41.

Hüffmeier, Wilhelm (Hg.): Konkordie reformatorischer Kirchen in Europa (Leuenberger Konkordie). Frankfurt a.M., Lembeck, 1993

Joest, Wilfried: Dogmatik. Band 2. Der Weg Gottes mit Menschen. Göttingen 2012[5].

Kirchenamt der EDK (Hg.): Das Abendmahl. Eine Orientierungshilfe zu Verständnis und Praxis des Abendmahls in der evangelischen Kirche. Vorgelegt vom Rat der Evangelischen Kirche in Deutschland. Gütersloh 2009.

Leppin, Volker: Geschichte des Christentum. In: Löhr (Hg.) Abendmahl. Tübingen 2012. S. 95-136.

Löhr, Hermut: Entstehung und Bedeutung des Abendmahls im frühesten Christum. In: Löhr (Hg.) Abendmahl. Tübingen 2012. S. 51-94.

Lohse, Bernhard: Luthers Theologie in ihrer historischen Entwicklung und in ihrem systematischen Zusammenhang. Göttingen 1995.

Luther, Martin: De captivitate Babylonica exxlesiae praeludium, 1520. In: WA 6. S. 484-573.

Luther, Martin: Ein Sermon von dem hochwürdigen Sakrament des heiligen wahren Leichnams Christi und von der Bruderschaften, 1519. In: WA 2. S. 742-758.

Luther, Martin: Predigten über das fünfte Buch Mose, 1529. In: WA 28. S. 509-763.

Rieger, Reinhold: Martin Luther theologische Grundbegriffe. Von „Abendmahl" bis „Zweifel". Tübingen 2017.

Slenczka, Notger: Neubestimmte Wirklichkeit. Zum systematischen Zentrum der Lehre Luthers von der Gegenwart Christi unter Brot und Wein. In: Korsch (Hg.): Die Gegenwart Jesu Christi im Abendmahl. Leipzig 2005. S. 79-98.

BEI GRIN MACHT SICH IHR WISSEN BEZAHLT

- Wir veröffentlichen Ihre Hausarbeit, Bachelor- und Masterarbeit

- Ihr eigenes eBook und Buch - weltweit in allen wichtigen Shops

- Verdienen Sie an jedem Verkauf

Jetzt bei www.GRIN.com hochladen und kostenlos publizieren